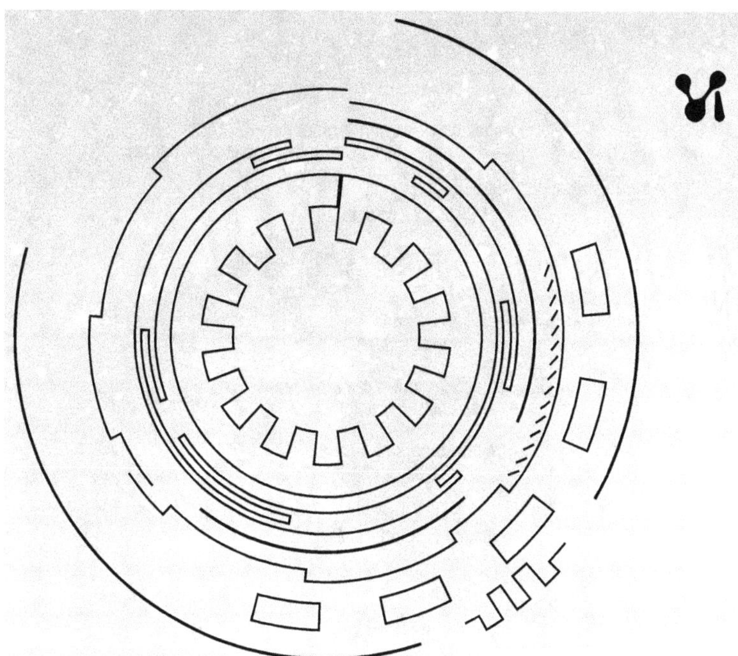

PROPÓSITO

MARCUS LISBOA

O poder da visão com propósito
Como o Poder da Visão e a das Tecnologias Disruptivas podem transformar e
impactar sua vida e o mundo
1ª Edição
Marcus Lisboa, 2020

Edição, Correção, revisão e revisão final:
Suellen de Araujo Costa

Capa:
Jonatas Santos

Diagramação, capa e projeto gráfico:
Marcus V. P. Alcântara

Coordenação Editorial:
Nilce Sousa

Tradução inglês
Bianca E. Menezes Alves

Publicado no Brasil por: **Cevi Produções**
CNPJ 07.856.521/0001-94
Caldas Novas, Goiás - Brasil
Instagram: **@editoracevi**
ceviproducoes@gmail.com

L769p Lisboa, Marcus
     O poder da visão com propósito = The power of vision with a purpose / Marcus Lisboa; coordenação editorial Nilce Sousa; tradução
do inglês Bianca E. Menezes Alves. – 1. ed. – Caldas Novas-GO : CEVI, 2020.
     110 p. ; 21 cm.

     Inclui bibliografia
     ISBN: 978-65-5642-031-8

     1. Liderança – Aspectos religiosos. 2. Criatividade. 3. Psicologia Religiosa. 4. Tecnologias disruptivas. 5. Autoconhecimento. I. Título.

                         CDU: 658.012.4

Catalogação na publicação por: Onélia Silva Guimarães CRB-14/071

Este é o primeiro livro de uma série composta de três títulos: "Criptomoedas: O Dinheiro do Futuro", " As Quatro Inteligências Transformadoras: Inteligências Aplicadas à Transformação na Era Digital" e "O Poder da Visão com Propósito: Como as Tecnologias Disruptivas podem transformar e impactar sua vida e o mundo".

A sequência intitulada "Série: Econômia Digital", busca elucidar temas complexos como as tecnologias disruptivas, o novo modelo financeiro trazido pelo surgimento das moedas virtuais e especialmente nos mostrar de que forma podemos nos conectar a esses assuntos tão presentes de modo a experimentar a amplitude de seus benefícios, gerenciando seu uso e servindo ao propósito e visão destinados a nós.

Meu desejo é que você se abra para conhecer conteúdos demasiado relevantes e permita-se ter descortinada uma nova visão a respeito da economia e de seu papel dentro dela, tornando-se um agente transformador no meio onde vive.

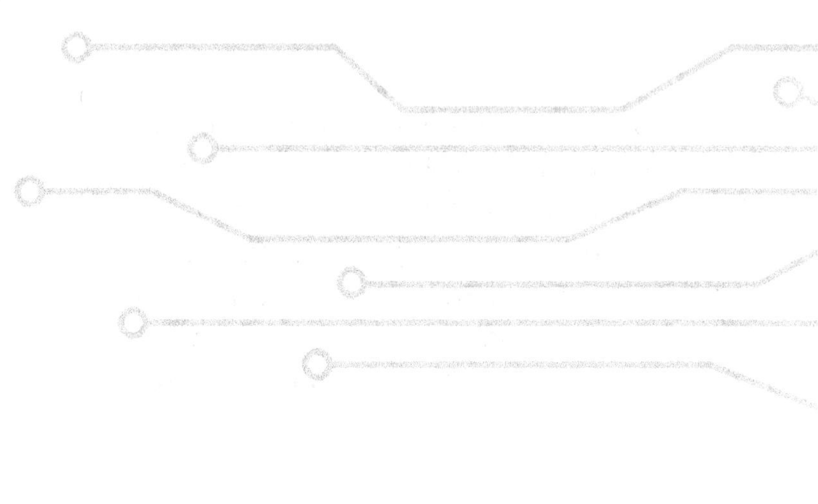

AGRADECIMENTOS

Agradeço a Paula Vaz, Robson Silva, Marselha Samora, Harlisson Charley, Alexandre Hilgert e Alexandre Salgado, Carlos Guerreiro, Fabio Reis, Rubens Lemos, Romulo Souto, Pastor Carlos Almeida, Pastora Meire, Pastor Sidnei Borges, Pastora Eliane Pereira, Pastor Jean Kleber, Pastor Glabson, Pastor Joseph Maluta, Bispo JB Carvalho, Bispa Dirce Carvalho e Thomas Carter.

DEDICATÓRIA

Dedico este livro a meus pais *(in memorium)* Alfredo Almeida e Irene Lisboa, meus irmãos Sérgio Luis, Carlos Alberto, Paulo César e Luis Cláudio, a meus filhos Marcus Jr., Debora Regina, Jessyca Cristina, Priscila Maria, Andressa Santos e Vinicius Galvão, a minha querida esposa e companheira Silvania Cristina Viegas, meus enteados, Junior, Moacir Neto e Silveria Viegas, meus genros, noras, netos e a todos os meus sobrinhos e amigos.

SOBRE O AUTOR

Marcus Lisboa, Analista de Sistemas e O&M, Criptógrafo, Especialista em Políticas de interesse Público e Gestor de Políticas Públicas e Governo, Especialista em Tecnologias Disruptivas, com Certificação Internacional em Digital Transformation & Blockchain, Fundador do Eco-Sistema e Prova de Consenso denominado Prova de Participação - PoP (Blockchain Permissionada), entusiasta da Blockchain baseada em Prova de Consenso - PoC - Prova de Capacidade, autor dos seguintes títulos: Cripto Moedas - O Dinheiro do Futuro; O Poder da Visão com Propósito e As quatro Inteligências Transformadoras, Presidente fundador do Instituto Nacional de Excelência em Políticas Públicas - INEPP, editor chefe do Blog WikiCryptoMarket.com, criador do Canal

IP - Interesse Público e membro do conselho de presidentes da Christian Center for Public Life - CCPL para o Brasil - Organização Cristã Conservadora com sede em Washington e sede nacional em Brasília - Distrito Federal e criador do portal de educação profissional na área de Cripto Ativos, Cripto Trader e Cripto Economia www.cryptotech.com.br

Sumário

INTRODUÇÃO

Estamos diariamente expostos ao novo, diante de um mundo que exige de nós transformação constante e por isso precisamos ter em mente a quem e ao que estamos seguindo. Isso diz respeito a quem queremos ser e onde queremos chegar, a visão que nos move e na qual nos movemos.

Esse livro fala sobre o poder da visão, a capacidade que ela nos confere de prosseguir e persistir em um ideal que beneficie não apenas nós mesmos, mas o todo que está ao nosso redor.

Creio que esse ano marca o início de uma nova década de transformações e superações e apenas aqueles que estão dispostos a mudar e perseguir a visão de Deus para suas vidas terão sucesso.

Por isso, quero convidá-los a mergulhar na visão e entender o poder que dela emana para passar de uma vida medíocre e marcada por insucessos para uma experiência e existência extraordinárias.

VISÃO
DICOTÔMICA

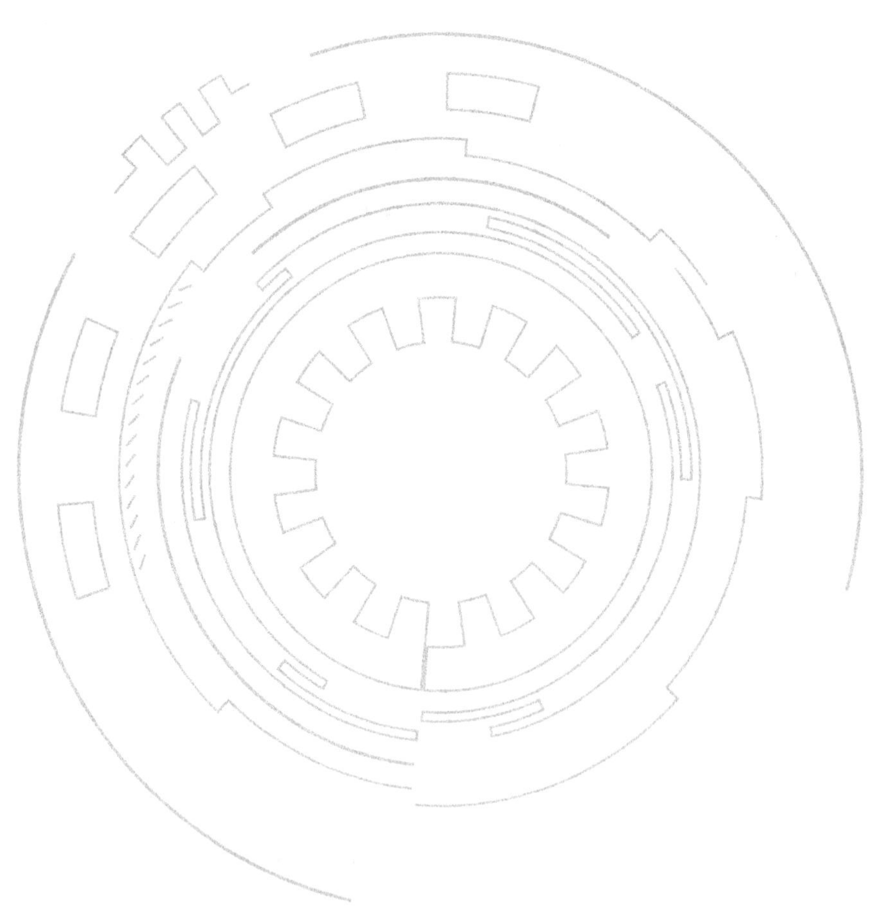

Antes de mais nada, gostaria de esclarecer que ao nascer recebemos de Deus dois tipos de visões: a primeira seria a visão física ou natural e a segunda a visão espiritual ou sobrenatural. A visão física é capacidade de ver aquilo que está ao nosso redor, como a contemplação da natureza ou das maravilhas do Criador.

Já a visão espiritual é a capacidade de ver além do físico, muito mais ampla, poderosa e transformadora. Ela também nos é dotada no nascimento, mas não naquele que dura aproximadamente nove meses onde a estrutura que possibilitará a visão natural é formada. A visão espiritual é um presente dado aos novos nascidos, aqueles que entregaram suas vidas ao senhorio completo de Deus e a partir de então nasceram espiritualmente.

Nesse novo nascimento nossos olhos espirituais são abertos. Infelizmente há cristãos que experimentaram o novo nascimento, entretanto ainda continuam com a visão limitada ou completamente cegos, o que é um enorme prejuízo espiritual e natural, já que que o fracasso espiritual resulta em pouca vontade natural.

No entanto, esse livro é um convite àqueles que desejam essa visão transformadora, que os capacitará a ver muito além das limitações comuns a nós seres humanos e nos elevará a um lugar de grandeza e realização. Um sopro de vida àqueles que quiçá estejam desencorajados e sem perspectiva de futuro, especialmente no momento que estamos enfrentando, para que possam ter sua visão restaurada e seus olhos abertos para o novo que está diante de nós, para serem marcadores de diferença em uma sociedade caída e que carece que referenciais.

CAPÍTULO 2

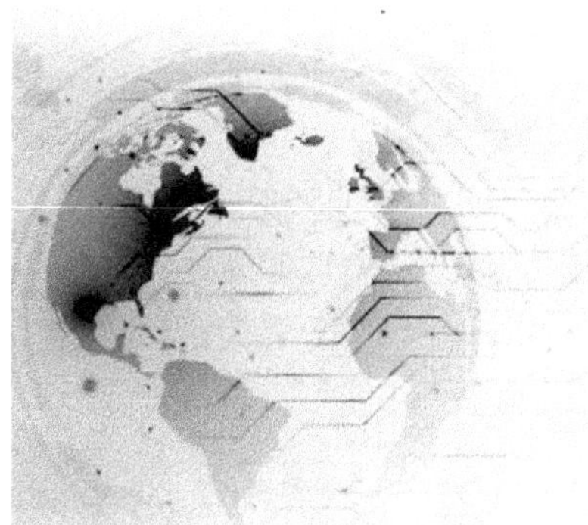

Jesus foi e segue sendo, o maior médico do universo. Ele curava desde doenças da pele até doenças da estrutura óssea. Mas ao passear pelos Evangelhos percebo o quanto Ele se dedicou a curar doenças relacionadas a visão. Ele era um especialista em visão física, mas especialmente em visão espiritual.

Deus se preocupa com o que vemos, porque aquilo que vemos espiritualmente determinará até aonde iremos, se teremos sucesso ou fracasso. Não se chega a um objetivo sem saber qual é a visão e a motivação que seria o resultado da mesma.

Vemos em várias passagens bíblicas como Deus restaurou a visão das pessoas. Em Marcos 8, entendemos que Jesus partiu com os discípulos para a cidade de Betsaida e lá se deparou com um homem cego. Naquele momento Jesus estendeu sua mão, o levou para fora da aldeia e o curou.

Em Gênesis 15.5, Deus pede a Abraão que elevasse seus olhos e contemplasse as estrelas do céu, determinando que assim seria a sua descendência, algo incontável, além do que ele pudesse imaginar e ver com olhos naturais.

Outro acontecimento relevante, foi quando Jesus depois de cuspir nas mãos as coloca sobre os olhos do cego. Ele pergunta ao cego o que ele estava vendo. Logo, o homem responde que via "homens como árvores que andam". O que nos leva a concluir de que aquele cego um dia já havia enxergado, ou seja, não nasceu sem visão, mas naquele momento precisava do toque curador do Senhor.

Todos esses são exemplos de visão restaurada e posso garantir que se não tivermos a visão restaurada, deixamos de render e ainda retrocedemos. Com o tempo a paixão por servir a obra, vai se perdendo, a religiosidade toma espaço e os sonhos e a visão original de Deus minguam a ponto de nos afastarmos completamente Dele.

Mas, se hoje você está lendo esse livro é porque Deus não o quer cego espiritualmente, sem rumo e longe de seus caminhos, vivendo aquém do que Ele planejou para sua vida, por isso o convido hoje mesmo a render-se a Ele e deixar que toque a sua visão como fez a todos que se aproximavam em busca de ajuda.

CAPÍTULO 3

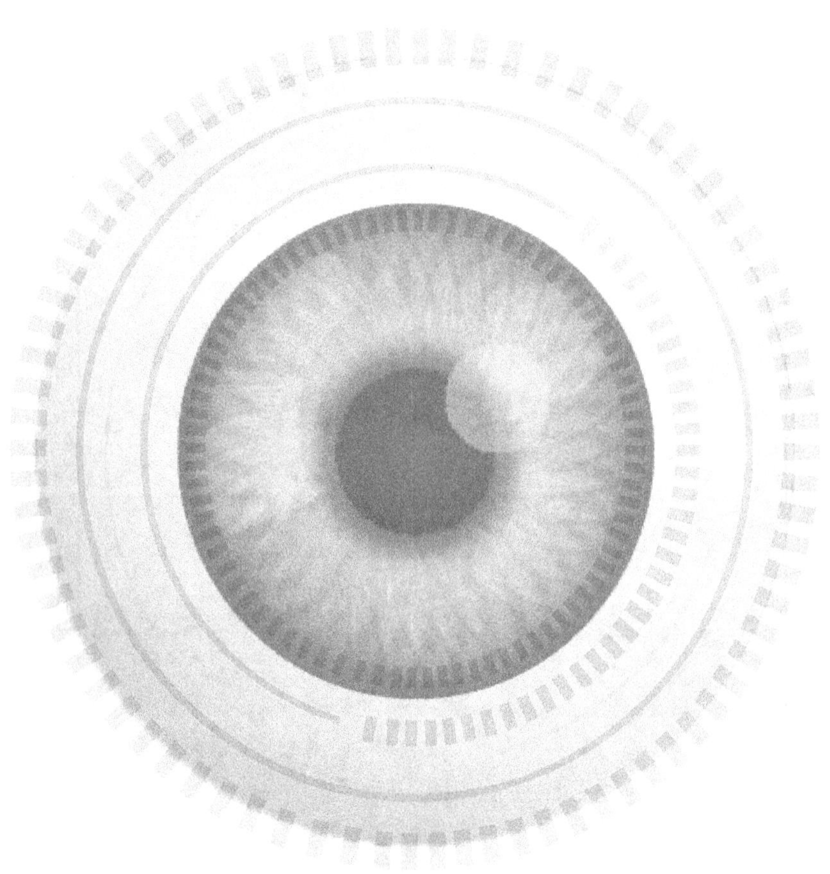

Aqui gostaria de propor uma analogia que considero importante sobre a visão física que tem total relação com a visão espiritual. Como disse inicialmente, somos seres dicotômicos e possuímos visão tanto natural como espiritual, e se protegemos e valorizamos a visão física, não há porque agir de maneira menos cuidadosa com a visão espiritual.

Pesquisadores experientes, constataram que uma doença que acomete a visão do homem, conhecida como Síndrome de Usher, se desenvolve quando alguém fica por muito tempo sem conviver ou ter contato com outras pessoas, sem poder escutar a voz de outros seres humanos, se trata de uma cegueira associada a surdez.

Algo dessa natureza traz um profundo ensino, pois quando não existe comunhão há degeneração. Podemos estender isso a comunhão com outras pessoas "visionárias" e também com o próprio Deus, cuja falta de comunicação constante é fonte de incalculáveis prejuízos.

A Bíblia nos fala que *"a fé vem pelo ouvir a Palavra de Deus"* e aqueles que não a ouvem perdem a visão, perdem o norte, a direção o senso de propósito. Também perde a visão aquele que se afasta da comunhão com outras pessoas que possuem os mesmos valores, o mesmo objetivo.

Nesse sentido coloco o discipulado como uma importante ferramenta para desenvolver a visão, é muito importante ter alguém para acompanhar-nos, aconselhar e encorajar nos momentos de crise. Isso amplia a visão, produz foco e fortalece os objetivos, além de possibilitar uma importante ferramenta de cura: a confissão.

A Bíblia também nos diz que quando *"confessamos nossos pecados uns aos outros somos curados"*. Quando um relacionamento de confiança e comunhão se estabelece e podemos falar livremente daquilo que nos atormenta nossa visão recebe um remédio poderoso e podemos ver de forma sã novamente.

LIDERANÇA
VISIONÁRIA

Estou certo que a característica mais importante da vida de um líder é a visão. A capacidade de enxergar o presente e se lançar rumo a um futuro, que talvez para outros seja totalmente obscuro, mas para ele é claro como água, um objetivo pelo qual vale a pena pagar o preço necessário.

Mas, infelizmente há muitos homens e mulheres que optam por permanecer com a visão embaçada. Ao invés de enxergar pessoas, enxergam árvores. A árvore representa o físico, o materialismo. Precisamos enxergar pessoas, porque Deus nos chama a enxergar pessoas (João 3.16). Jesus enxergava a todos e os ensinava a contemplar ao Senhor.

Há líderes que não alcançam seus objetivos porque têm uma visão muito limitada. Devemos fugir dos lugares e circunstâncias onde tudo está limitado a ao que é meramente material. Em Apocalipse 3.18, a mensagem de Deus para a Igreja de Laodicéia era para "ungir os olhos" para poder ver. A visão daquele povo precisa ser restaurada.

Isso porque nem sempre a nossa visão está alinhada com a da visão de Deus. Somos falhos em perceber o que realmente tem valor e por isso "tropeçamos", tal como um cego diante de um caminho pedregoso ou mesmo deixamos de perceber a verdadeira realidade que nos cerca.

Em II Reis 6.14, temos um exemplo de alguém que não via com os olhos de Deus e precisou ter sua visão restaurada pelo Senhor. Geazi, servo do homem de Deus, havia ficado apavorado com a visão da tropa de cavalos e carros de guerra cercando a cidade, mas o profeta Eliseu orou e pediu que o Senhor abrisse seus olhos para o que realmente estava lá (II Reis 14.17).

A Bíblia nos conta que os olhos daquele rapaz foram de tal forma abertos que ele então pode ver que um exército com cavalos e carros de fogo os rodeava. Semelhante ao servo, alguns se apavoram com os problemas e não conseguem enxergar que há um exército de Deus para nos ajudar e vencer qualquer batalha.

Assim como no passado, muitos líderes hoje em dia não alcançam a vitória porque só conseguem visualizar o conflito, a visão está estagnada nos traumas, experiências mal sucedidas, no fracasso e na sua herança genética e comportamental.

É por isso que tenho proposto o empoderamento e o conhecimento como verdadeiras chaves para a mudança. Não se pode mudar uma rota sem autoconhecimento e identificação dos próprios talentos naturais e desenvolvidos e especialmente não se pode seguir uma visão sem a ciência prévia de onde se encontra e para onde deseja ir.

Este livro não se chama " O Poder da Visão com Propósito" à toa, afinal a visão tem poder e propósito, o poder é a habilidade de agregar pessoas em volta de um mesmo objetivo e de realizá-lo e o propósito é o motivo pelo qual fazemos o que fazemos.

Falarei desses dois aspectos de forma mais detalhada adiante, mas cabe dizer que a visão que de fato pode produzir algo está ligada ao espiritual, é uma fusão entre visão física e sobrenatural.

Assim, munidos do poder da visão podemos não apenas cumprir, mas encorajar outros a chegar lá também. De modo que se alguém se aproximar de você e disser enfaticamente que irá mudar o mundo, deve haver uma concordância de sua parte, para que mundo possa ser restaurado em pontos extremamente básicos e essenciais por líderes visionários e realizadores.

"Um país sem a orientação de Deus é um país sem ordem. Quem guarda a lei de Deus é feliz".

Provérbios 29 :18

O SEGREDO DA
VISÃO

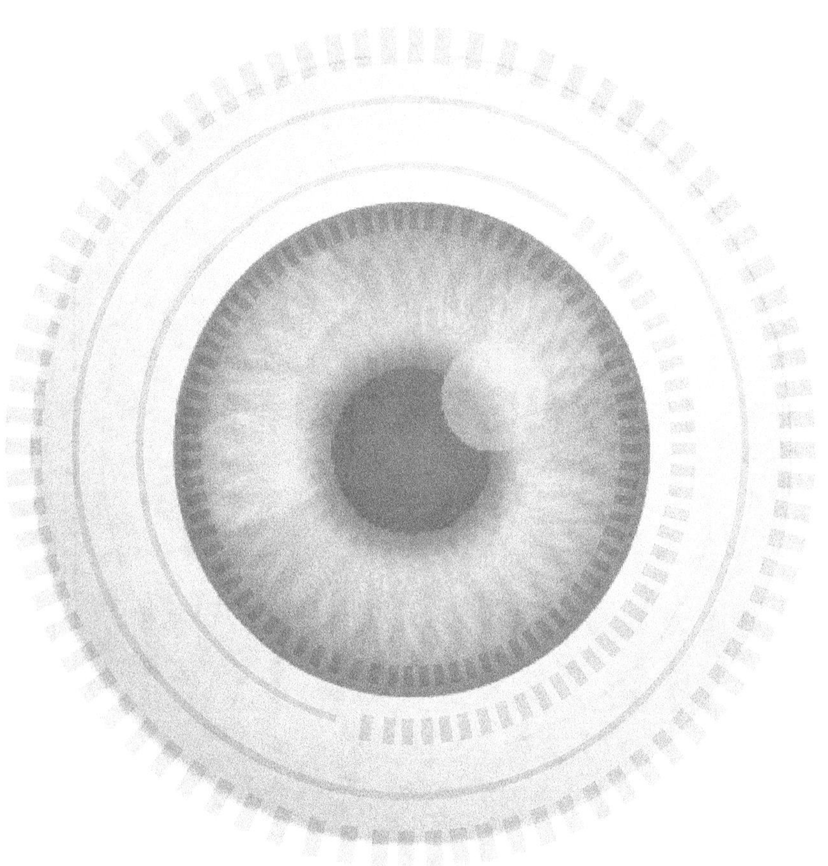

Já dissemos que a visão que deve nortear nossas realizações deve ser em primeiro lugar espiritual, ou seja proporcionada por Deus. Ouso dizer que ela nada mais é que um quadro contendo uma fotografia gravada no seu coração, capaz de fazê-lo segui-la todo o tempo e a qualquer custo. Assim a visão, que é permanente, falará sempre mais alto que o seu problema que é momentâneo.

Além disso, a visão espiritual pode ser obtida através dos seguintes canais:

1 - Do sonho - Exemplo: A revelação José do Egito, que por meio de dois sonhos entendeu sua missão e propósito de vida e se manteve nela mesmo em face das piores circunstâncias.

2 - Da Palavra por meio da oração - Exemplo: Orando a Deus uma palavra surge no seu coração e esta vai guiá-lo, restaurá-lo

e posicioná-lo em relação a verdade que foi colocada em seu interior.

3 - Associação /Modelo – Exemplo: é uma maneira de Deus gerar em você a visão que tem da pessoa que está ao meu lado, isso pode determinar o que Deus pode estar colocando no seu coração. Exemplo: Se ando com um homem de Deus isso será benção e abrirá a porta para que eu cresça no mundo espiritual. (Leão anda com Leão, Gato anda com Gato)

Gostaria de enfatizar esse último ponto recordando a história de Elias e Eliseu, eles estavam tão próximos e conectados que quando Elias estava para subir ao Céu, Eliseu pediu a unção dobrada para si. Isso é algo muito impactante, pois Elias não era qualquer pessoa, mas um homem que operava de forma incrível e assim foi com Eliseu também. A associação tem esse poder de transferir visão e conceder poder para realizá-la.

CAPÍTULO 6

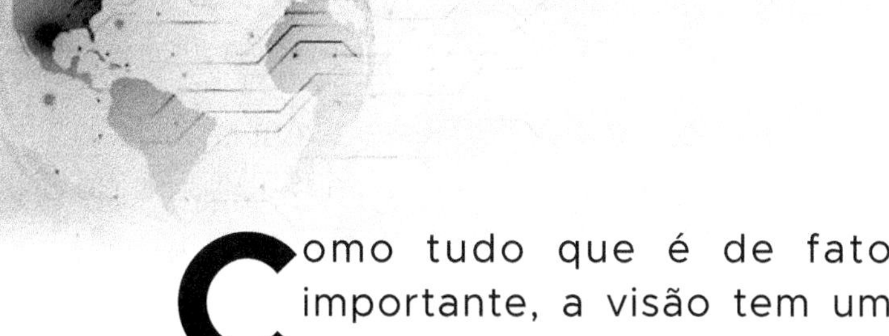

Como tudo que é de fato importante, a visão tem um preço. Para alcançar e abraçar a visão de Deus você necessita:

Fé

Deus sempre vai pedir-lhe algo que você não se acha capaz de fazer e pode parecer não ter recursos para fazer, mas quando você coloca sua fé em ação e crê que aquele que chamou é quem capacita, você poderá se lançar e passar de um simples sonhador para um conquistador.

Paciência

Paciência é a qualidade de quem espera com tranquilidade, porque confia no Deus que serve e sabe do seu poder sobrenatural. Abraão é um exemplo fidelíssimo disso. Deus o prometeu um filho, no entanto sua primeira tentativa foi fruto de sua impaciência e apenas 25 anos depois chegou o filho da promessa, mesmo com toda a descrença da sua esposa.

Realizar também exige paciência, a visão que Deus te deu sempre passa pelo teste do tempo e apenas aqueles que esperam com paciência a alcançam. Paciência não tem nada a ver com apatia, está muito mais ligada a uma fé vigorosa e madura.

Iniciativa

Iniciativa é a marca do homem e da mulher de visão. Quando Deus alimenta um sonho em seu interior ele se sente motivado e toma a iniciativa apropriada para alavancar esse sonho.

Perspectiva

Perspectiva tem a ver com a capacidade de enxergar ao longe, de acreditar em algo mesmo que aquela ainda não seja uma realidade factível. Em 1774, John Adams anunciou a visão de uma nova nação, com uma união de 13 estados independentes do parlamento e do reinado da Inglaterra. E aconteceu. Em menos de dois anos nasceram os Estados Unidos da América.

No fim do século XVIII, dois Brothers, Wilbur e Orville Wright, anunciaram a era das máquinas voadoras. Depois de longos 13 anos de várias experiências, aconteceu. A era das viagens aéreas havia iniciado.

Willian Wilberforce, deu o intimado no parlamento inglês dizendo que homens, mulheres e crianças não seriam mais comprados, deveria de ser abolida a escravidão. Quatro dias antes de sua morte, 18 anos depois seu projeto de lei foi aprovado.

Eu poderia citar muitas outras situações em que pessoas tiveram perspectiva e pensaram adiante de seu tempo, mas o mais importante é saber que essa qualidade é essencial para nos fazer chegar onde pretendemos e nos confere o poder de ver e ser parte do rompimento e da evolução dessa nova economia digital.

Propósito

Eu creio que não basta ser inovador, é necessário ter propósito. Creio inclusive que a visão que subsiste é aquela que tem uma motivação perene e que busque influenciar positivamente pessoas além do nosso próprio nicho.

Tenho tido a percepção de que nos encontramos nos últimos dias, e um novo manto recairá sobre alguns dos verdadeiros Líderes Cristãos "Pais Espirituais de multidões, para compartilhar com todos os filhos Espirituais" e alcançar o Povo de Deus, buscando gerar uma ampla visão espiritual, aceitar, promover e provocar um rompimento com uma visão transformadora e em particular, vivenciar uma verdadeira disrupção de uma nova Economia Colaborativa e 100% Digital e segura que se faz conhecida como Cripto-Economia.

E tudo isso com um propósito muito claro e definido: profundas transformações nas finanças digitais, permitindo realizarmos o serviço ministerial, com a geração e distribuição de novas riquezas em favor do Reino de Deus em primeiro lugar. E a Bíblia é enfática em dizer que àqueles que buscam o Reino em primeiro lugar todas as demais coisas são acrescentadas.

Estamos diante de uma forte quebra de paradigmas, provocando grandes transformações, empoderando as pessoas, gerando e distribuindo riquezas de forma descentralizada, segura e com justiça social e humanitária onde as relações e as transações financeiras serão cada vez mais digitais e pessoais, através do uso de plataformas Peer to Peer (pessoa a pessoa) cada vez mais impulsionadas nessa nova economia digital.

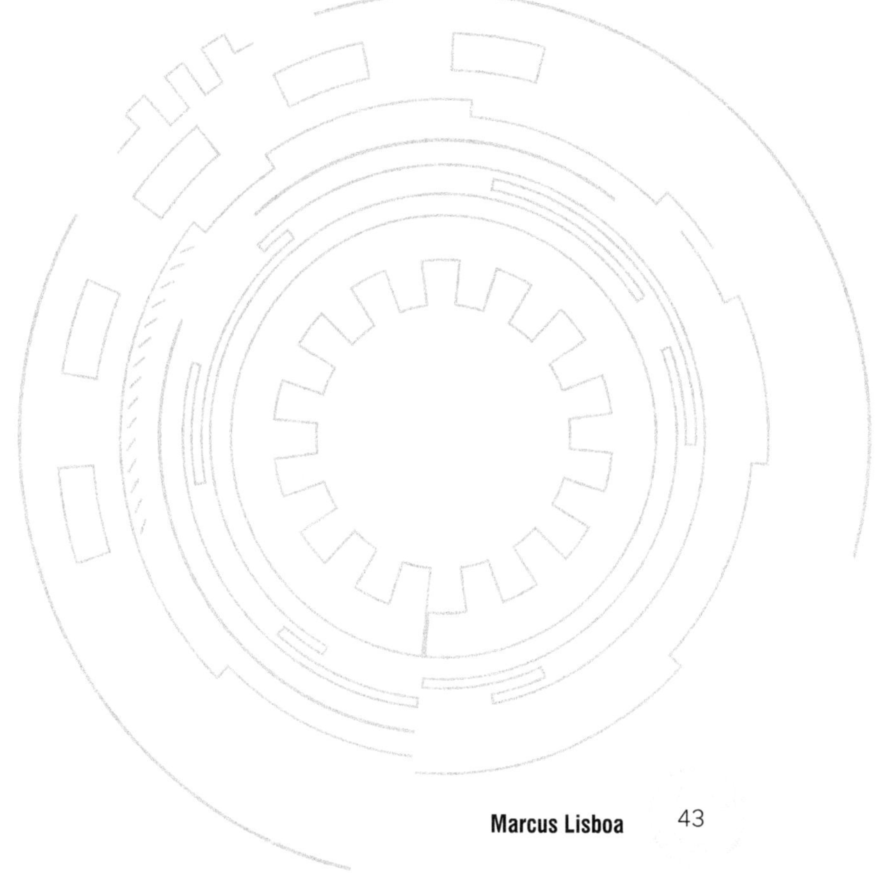

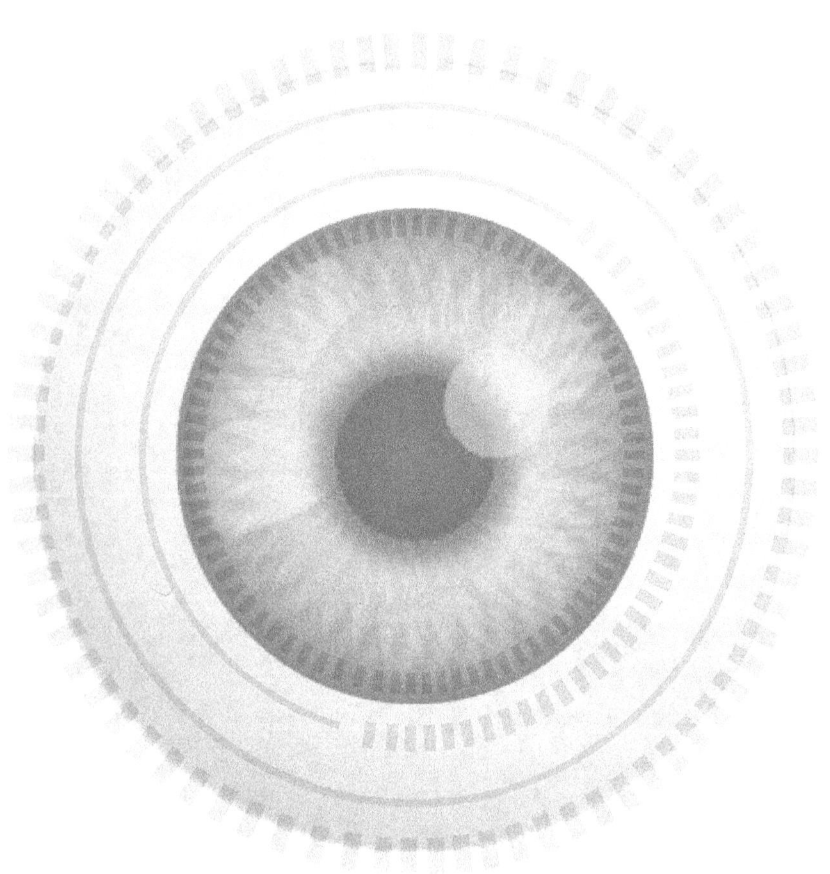

O PODER DA VISÃO

Eo poder da visão? O que seria? Estamos falando da mais poderosa arma para a transformação do mundo. Eu pergunto a você o que as pessoas que foram disruptivas têm em comum? Um ideal irresistível. O que nos faz entender que visualizar e persistir é a essência de um verdadeiro líder.

Subtraia de um grande líder a capacidade de visualizar seu ideal, e ele morrerá. A visão é o combustível que faz o líder seguir em frente. É a energia que cria a ação. É o chamado nítido que ascende a chama. Sem visão perdemos a vitalidade que nos faz manter vivos os nossos sonhos e ideais.

O poder da visão com propósito para beneficiar o reino é tudo isso, aplicado ao universo espiritual, já que a visão, o poder, a liderança e a autoridade seja ela qualquer for, é concedida por Deus e a partir disso, se criam as estratégias, ferramentas, metodologias, tecnologias e processos para sua perfeita implementação, buscando o Reino de Deus em primeiro lugar para que todas as demais coisas sejam acrescentadas.

A evolução humana é incrível e ao mesmo tempo estranha, pois todas as vezes que nos deparamos co m o novo, temos uma sensação que não nos diz respeito, que somos meros espectadores diante dessas incríveis transformações. No entanto, a única certeza que temos é que para viver nesse novo mundo que está surgindo será preciso mudar radicalmente.

A mudança envolve nossas atitudes, pensamentos, e exige de nós um poder de transformação grandioso, temos que transformar limitações em ousadias, sonho em ações, derrotas em vitórias, dificuldades em oportunidades, lágrimas em sorrisos, saudades em alegrias, dúvidas em certezas, medo em coragem e até mesmo ódio em amor.

De repente o estudante terá de se tornar um pesquisador, nossos olhos terão que aprender a ver o mundo de forma diferente, mais do que enxergar as mudanças, é preciso senti-las com a alma e o coração, muito acima da nossa própria razão.

Tudo isso tem um grande nome: o Poder da Visão, o poder de sonhar com aquilo que não existe, o poder de criar algo que nunca alguém pensou antes, o poder de chegar onde só os nossos pensamentos ousaram chegar, e é esse pensamento que cada um tem que descobrir dentro de si.

VISÃO E
SIGNIFICADO

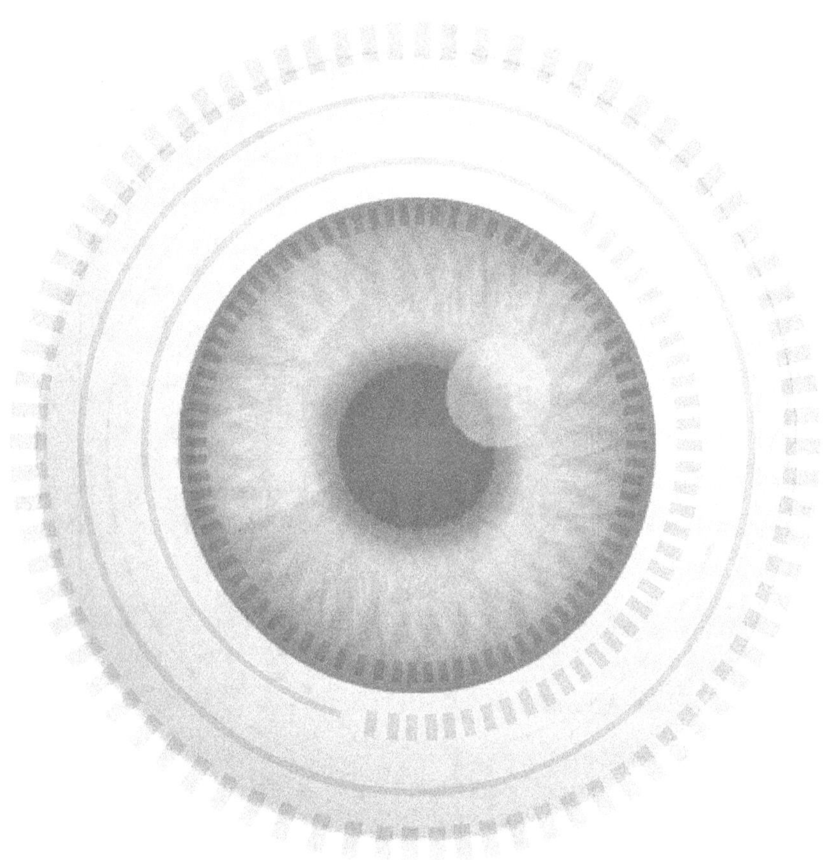

O tempo pode ser um grande carrasco, pois cada dia mais é preciso encurtá-lo para fazer as coisas, para se aprender, para se desenvolver e viver intensamente. Você já se deu conta que muitas vezes deixamos de perceber o real significado da nossa própria existência?

É impressionante como essa correria maluca no mundo moderno, tem vendado nossos olhos, para observar e compreender as coisas mais simples, e são nessas coisas tão simples e singelas que se esconde toda essência do universo.

É na imaginação livre de uma criança, que as fantasias transformam-se em realidades, é nas asas leves dos pássaros que está guardado o segredo de voar, é na fragilidade das flores, que está o perfume e a beleza que adoça nosso espírito, é na riqueza da terra que se transformam sementes em frutos, é nas ondas invisíveis do satélite que surge uma nova forma das pessoas se comunicarem, numa linguagem universal.

Igualmente é no ranger escuro e frenético dos carros e dos aviões, que se encurtam as distâncias, é nas teclas mágicas dos computadores e nos chips mais rápidos, que surge um mundo incrível de elementos virtuais, e é principalmente, na paixão pela vida que renasce a certeza de um novo amanhã.

O homem já ultrapassou seus limites, alcançou as estrelas, e ruma cada vez mais ao desconhecido "mundo". Cada um de nós é um universo a ser desvendado, cada um de nós traz dentro de si a sabedoria e só as mãos hábeis de um Deus foram capazes de curar.

Por isso, é preciso aprender a usar essa força, muitas vezes adormecida dentro do nosso coração e da nossa mente, parar por um instante olhar atentamente ao nosso redor e dentro de nós mesmos e nos perguntar: o que realmente eu tenho feito para ser melhor? Para fazer a diferença? Como eu tenho encarado meus planos e objetivos? Será que eu também não fui um mero espectador de minha vida?

CONCLUSÃO

O poder da visão nada mais é do que a capacidade de sonhar, é a alegria de viver é a vontade de aprender, é a paciência e o carinho de ensinar, é a capacidade de compreender as falhas humanas e principalmente o sentimento sincero de carinho, de respeito e de amor para com seu semelhante.

Esse mundo em que vivemos, tem várias fases, vários gostos, vários credos, vários costumes, religião, mas o amor continua sendo um só, um sentimento único que resiste através das guerras, das injustiças, apesar do egoísmo e da hipocrisia de muitos, é esse sentimento que irá nos mostrar os caminhos mais seguros para uma sociedade mais justa e mais humana.

Um dia, os sonhos mais verdadeiros de todos os seres humanos irão se juntar a muitos de outros sonhadores, que já se foram, liberando uma corrente de energia tão forte e tão intensa que será capaz de transformar nosso planeta num lugar em que todos possam encontrar a felicidade. O que desejo a todos é um mundo onde podemos dividir progresso e não miséria.

No entanto, para que isso aconteça precisamos de pessoas com perfil diferente, pessoas que não se conformem com coisas mal feitas, pessoas que não se intimidam diante da crise e das dificuldades, pessoas que se utilizem da criatividade, da compreensão, da humildade, da perseverança, da motivação, do espírito de liderança.

É através desses passos, que está a chave para este novo mundo, não como mero espectador impotente diante de todas essas transformações, pelo contrário você pode ser um dos personagens principais dessa maravilhosa peça a ser encenada chamada existência.

Conheça um pouco mais de nosso trabalho:

Esse material é uma transcrição de um vídeo motivacional com o mesmo nome e que, embora tenha sido produzido há mais de uma década, segue atual e futurista. Caso queira conhecer um pouco sobre o assunto recomendamos a mensagem na íntegra disponível no nosso canal do Youtube.

Além disso, convidamos a todos aqueles que foram tocados por essa leitura e conseguiram ampliar a sua visão natural e especialmente sobrenatural para experimentar uma verdadeira experiência Disruptiva em nossos outros títulos: As Quatro Inteligências Transformadoras: Inteligências Aplicadas a Transformação Cristã na Era Digital e Criptomoedas - O dinheiro do Futuro. Ambos podem ter a versão e-book baixadas no website do autor:

www.marcuslisboa.com.br

Author Contact:

Marcus Lisboa

Email: mvla2015@gmail.com / inepp@inepp.org.br /

eco.finances@principautedeseborga.com

Twiter: @Marcus_Lisboa38 - @interesseP

Parler: @MarcusLisboa - @InteressePublico

Instagram: @marcusvlisboa - @doutorblockchain -

@interessepublicoBrasil

https://conservativecore.net/MarcusLisboa

Facebook: https://www.facebook.com/marcusvlisboa/

Linkedin: https://www.linkedin.com/in/bitsblockchain/

Site: www.marcuslisboa.com.br

www.inepp.org.br

www.popblockchain.com

www.cryptotech.com.br

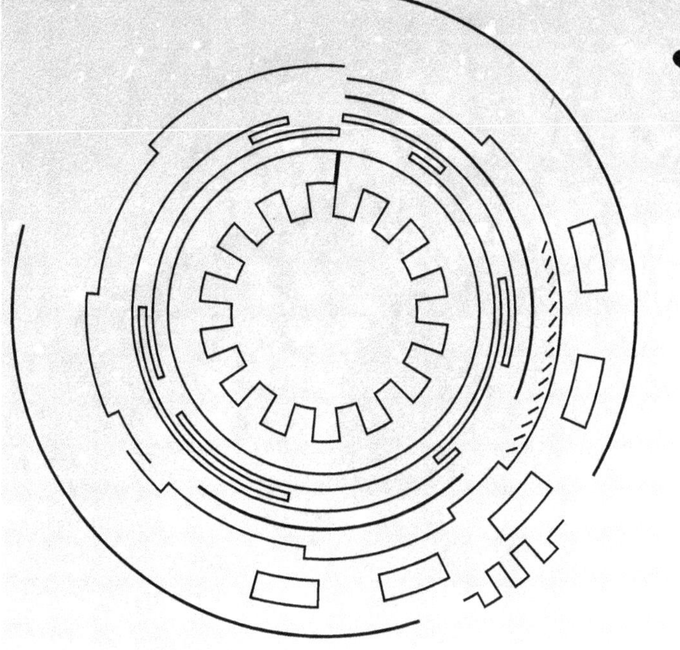

PURPOSE

MARCUS LISBOA

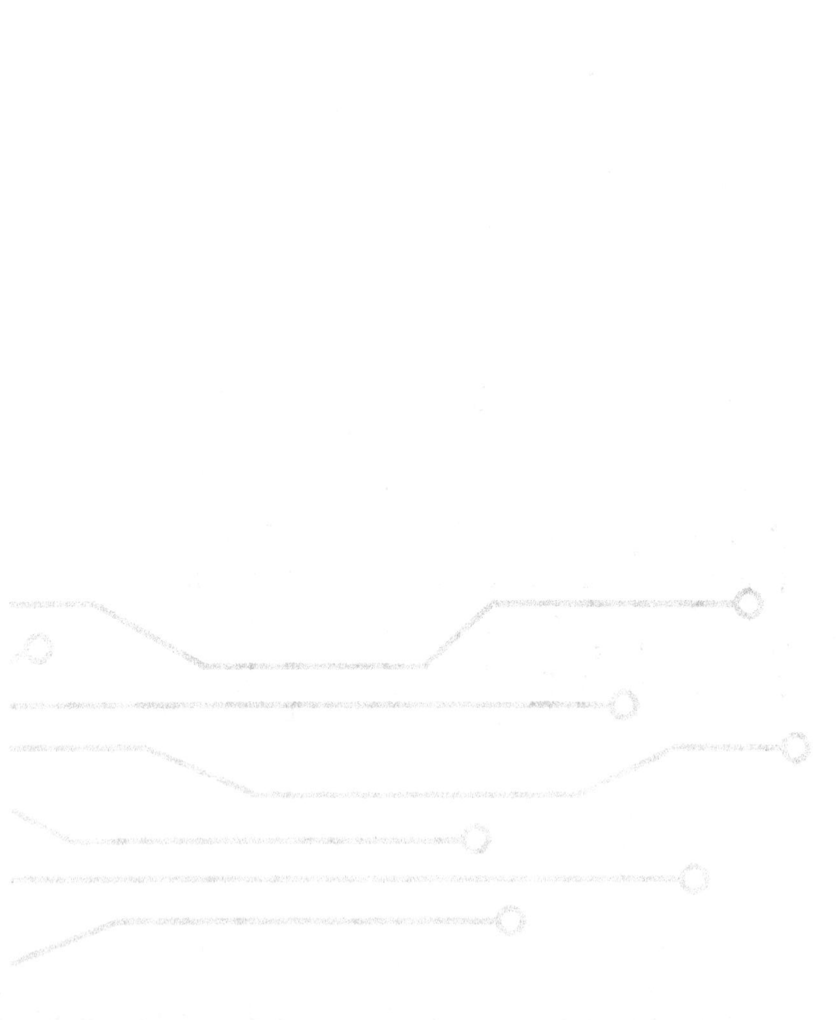

This is the first book in a series composed of three titles: "Cryptocurrencies: The Money of the Future", "The four types of transformative intelligence: Intelligences Applied to Christian Transformation in the Digital Age" and "The power of vision with a purpose: How Disruptive Technologies can transform and impact your life and the world."

This sequence entitled "Series: Digital Economy", seeks to explain complex themes, such as disruptive technologies, the new financial model brought by the emergence of virtual currencies, and especially, to show you how we can connect to these issues so present nowadays, to experience the breadth of its benefits, managing its use and serving the purpose and vision intended for us.

My wish is that you open yourself up to discover this relevant content, and allow yourself to have a new vision about the economy and its role within it, becoming a transforming agent in the environment where you live.

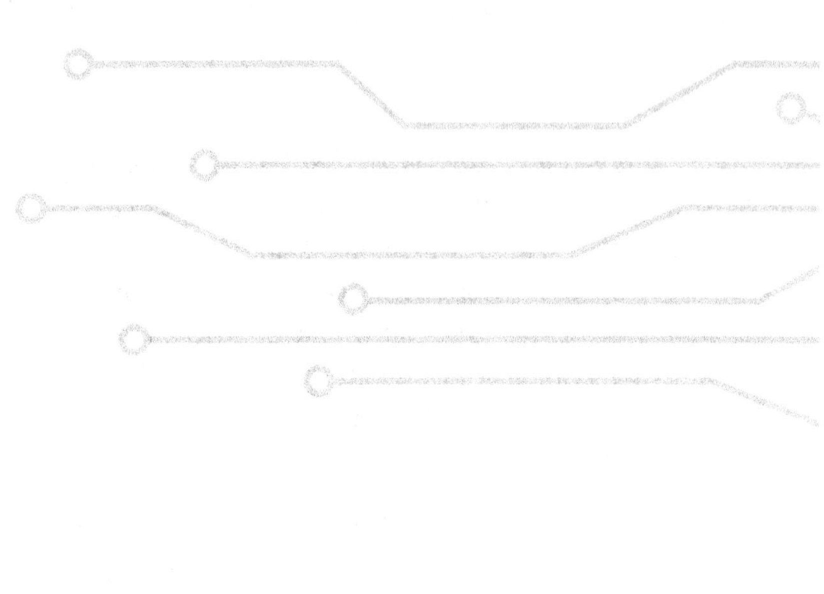

ACKNOWLEDGMENTS

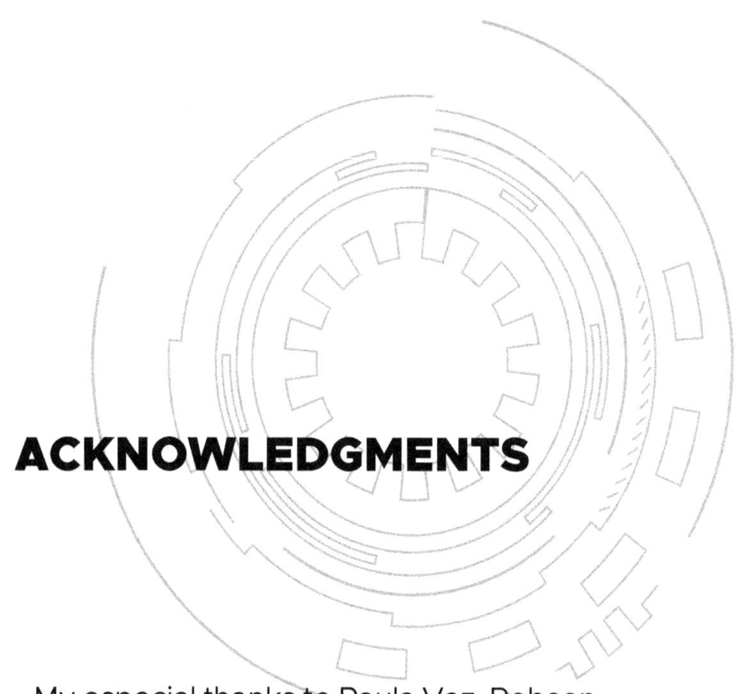

My especial thanks to Paula Vaz, Robson Silva, Marselha Samora, Harlisson Charley, Alexandre Hilgert and Alexandre Salgado, Carlos Guerreiro, Fabio Reis, Rubens Lemos, Romulo Souto, Pastor Carlos Almeida, Pastor Meire, Pastor Sidnei Borges, Pastor Eliane Pereira, Pastor Jean Kleber, Pastor Glabson, Pastor Joseph Maluta, Bishop JB Carvalho, Bishop Dirce Carvalho and Thomas Carter.

DEDICATION

    I dedicate this book to my parents *(in Memorium)* Alfredo Almeida and Irene Lisboa, to my brothers Sérgio Luis, Carlos Alberto, Paulo César and Luis Cláudio, to my children Marcus Jr., Debora Regina, Jessyca Cristina, Priscila Maria, Andressa Santos, and Vinicius Galvão, to my beloved wife and companion Silvania Cristina Viegas, to my stepchildren, Junior, Moacir Neto, and Silveria Viegas, to my brothers-in-law, sisters-in-law, grandchildren and to all my nephews and friends.

ABOUT THE AUTHOR

Marcus Lisboa, Systems and O&M Analyst, Cryptographer, Specialist in Public Interest Politics and Public Politics and Government Manager, Specialist in Disruptive Technologies, with International Certification in Digital Transformation & Blockchain, Founder of the Eco-System and Proof of Consensus called Proof of Participation – PoP (Blockchain Permitted), Blockchain enthusiast based on Proof of Consensus – PoC – Proof of Capacity, author of the following titles: Cryptocurrencies – The Money of the Future; The Power of Vision with a Purpose, and The Four Types of Transformative Intelligences. Founding President of the National Institute of Public

Politics Excellence – INEPP, Editor-in-Chief of the WikiCryptoMarket.com Blog, Creator of the Public Interest – IP Channel, and member of the Council of Presidents of the Christian Center for Public Life – CCPL, known in Brazil as Conservative Christian Organization, with headquarters in Washington and national headquarters in Brasília – Distrito Federal, and creator of the professional education portal in the area of Crypto Assets, Crypto Trader and Crypto-Economy www.cryptotech.com.br.

Summary

INTRODUCTION

We are daily exposed to the new, facing a world that demands constant transformation from us, and that is why we need to keep in mind who and what we are following. This concerns who we want to be and where we want to go, the vision that moves us, and in which we move.

This book talks about the power of vision, the ability it gives us to pursue and persist in an ideal that benefits not only ourselves, but the whole that is around us.

I believe that this year marks the beginning of a new decade of transformation and overcoming, and only those who are willing to change and pursue God's vision for their lives will succeed.

For this reason, I want to invite you to immerse yourself in the vision and understand the power that emanates from it to move from a mediocre and unsuccessful life to an extraordinary experience and existence.

CHAPTER 1

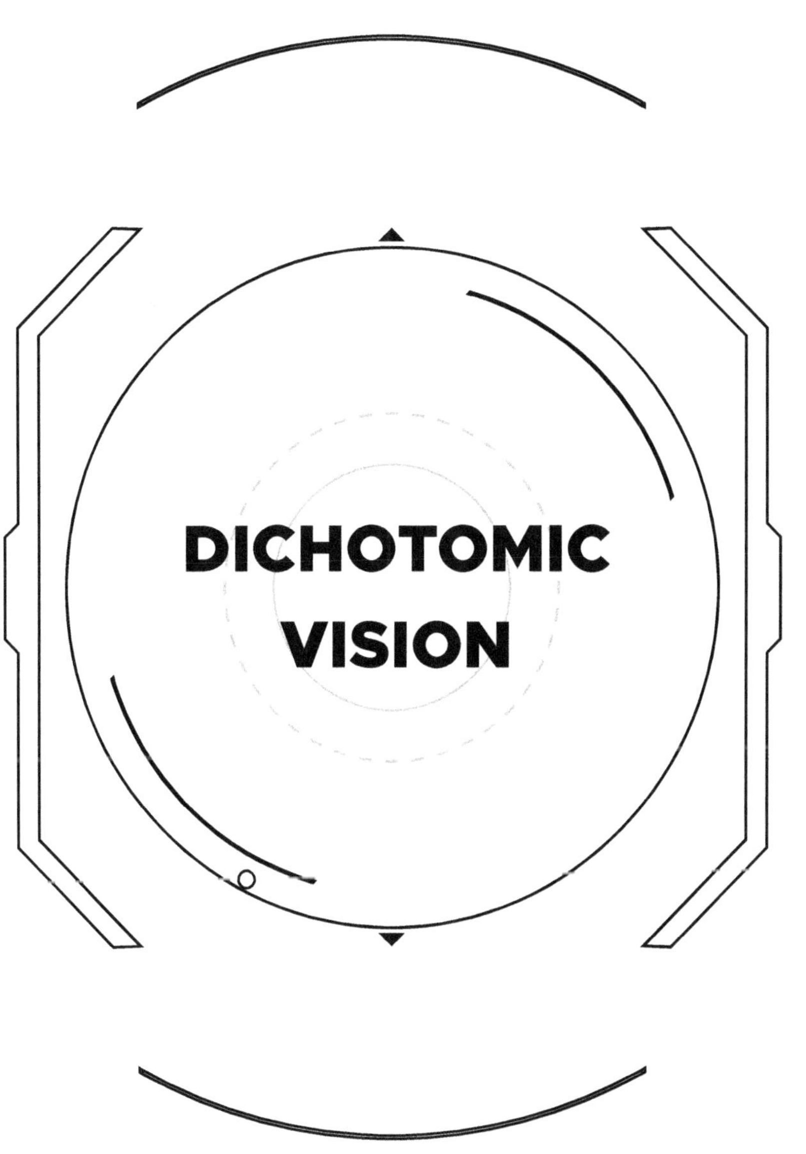

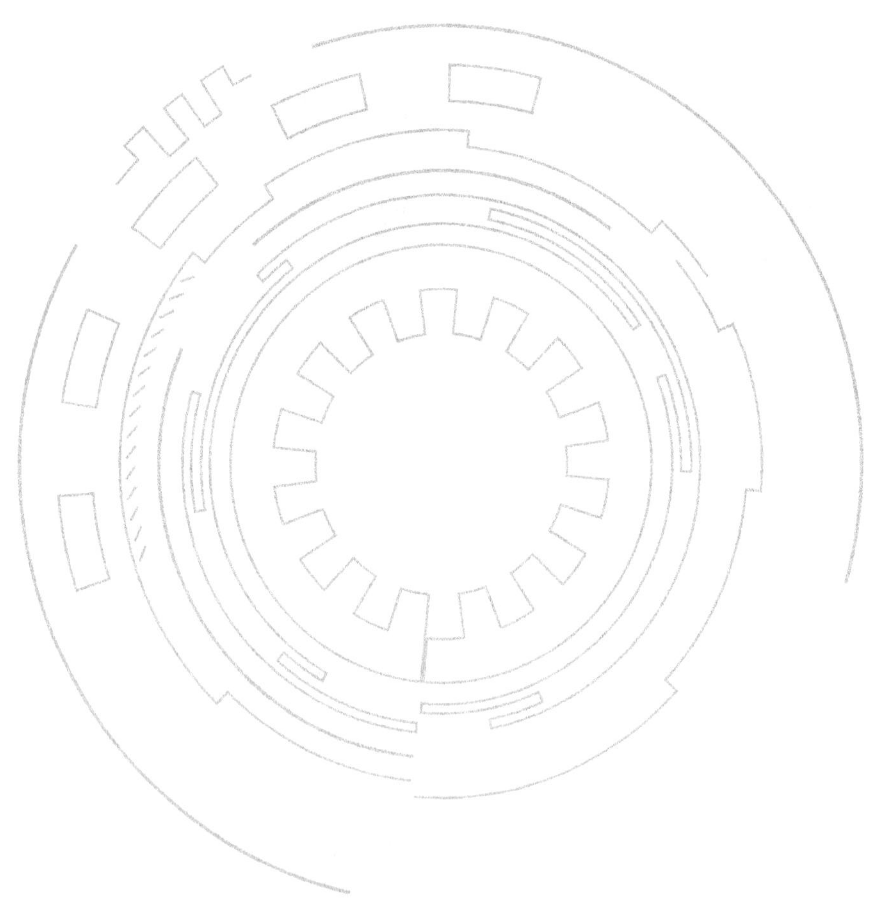

First of all, I would like to clarify that, at birth, we received from God two types of visions: the first would be the physical or natural vision, and the second the spiritual or supernatural vision. Physical vision is the ability to see what is around us, such as contemplating nature or the wonders of the Creator.

Spiritual vision, on the other hand, is the ability to see beyond the physical, much broader, more powerful, and transformative. It is also gifted to us at birth, but not in the one that lasts approximately nine months, where the structure that will enable natural vision is formed. The spiritual vision is a gift given to the newborn; those who gave their lives to the complete lordship of God, and from then on, were born spiritually.

In this new birth, our spiritual eyes are opened. Unfortunately, there are Christians who have experienced the new birth; however, they still have limited vision or are completely blind, which is a huge spiritual and natural loss, since spiritual failure results in little natural willingness.

However, this book is an invitation to those who desire this transformative vision, which will enable them to see far beyond the limitations common to us human beings and will elevate us to a place of greatness and fulfillment. It is like a breath of life for those who may be discouraged, with no prospect of the future, especially at the moment we are facing, so that they can have their vision restored and their eyes open to the new that is before us, so we can make a difference in a society fallen and lacking references.

CHAPTER 2

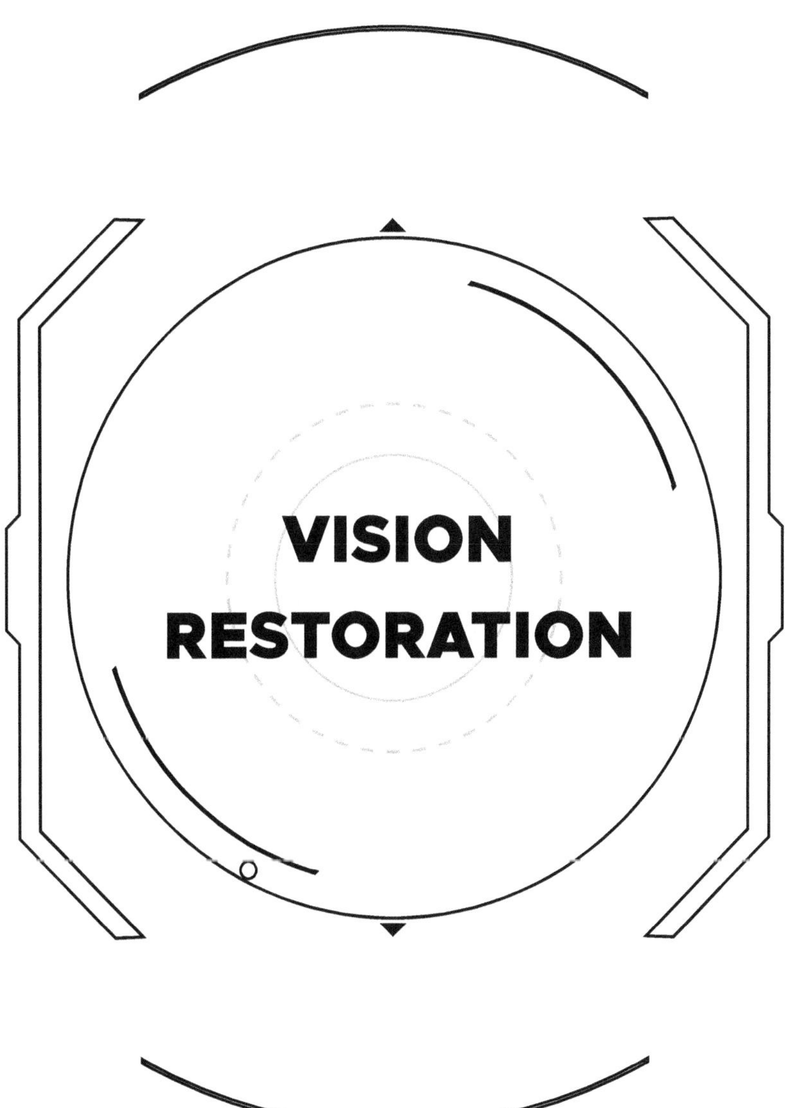

Jesus was and remains as the most exceptional doctor in the universe. He cured everything from skin diseases to bone structure diseases. But as I walk through the Gospels, I realize how much He dedicated himself to curing diseases related to vision. He was an expert in physical vision, but even more in spiritual vision.

God cares about what we see because what we see spiritually will determine how far we will go, whether we will succeed or fail. You can't reach a goal without knowing what the vision and motivation would be.

We see in various biblical passages how God restored people's vision. In Mark 8, we understand that Jesus left with the disciples for the city of Bethsaida, and there He met a blind man. At that moment, Jesus reached out his hand, took him out of the village, and healed him.

In Genesis 15:5, God asks Abraham to raise his eyes and contemplate the stars in the sky, determining that his offspring would be like that, countless, beyond what he could imagine and see with physical eyes.

Another relevant event was when Jesus, after spitting in His hands, places them over the eyes of the blind man. He asks the blind man what he was seeing. Soon, the man replies that he saw "men like trees that walk," which leads us to conclude that that blind man had already seen, that is, he was not born without vision, but at that moment, he needed the healing touch of the Lord.

These are all examples of restored vision, and I can guarantee that if we don't have our vision restored, we'll stop yielding and will retreat. Over time, the passion for serving the work is lost, religiosity takes over, and the dreams and original vision of God wane to the point of turning away entirely from Him.

But if you are reading this book today, it is because God does not want you blind spiritually, aimlessly and out of your path, and living below what He planned for your life. So today, I invite you to surrender to Him and let Him touch your vision, as He has done with everyone who has approached Him for help.

VISION AND
COMMUNION

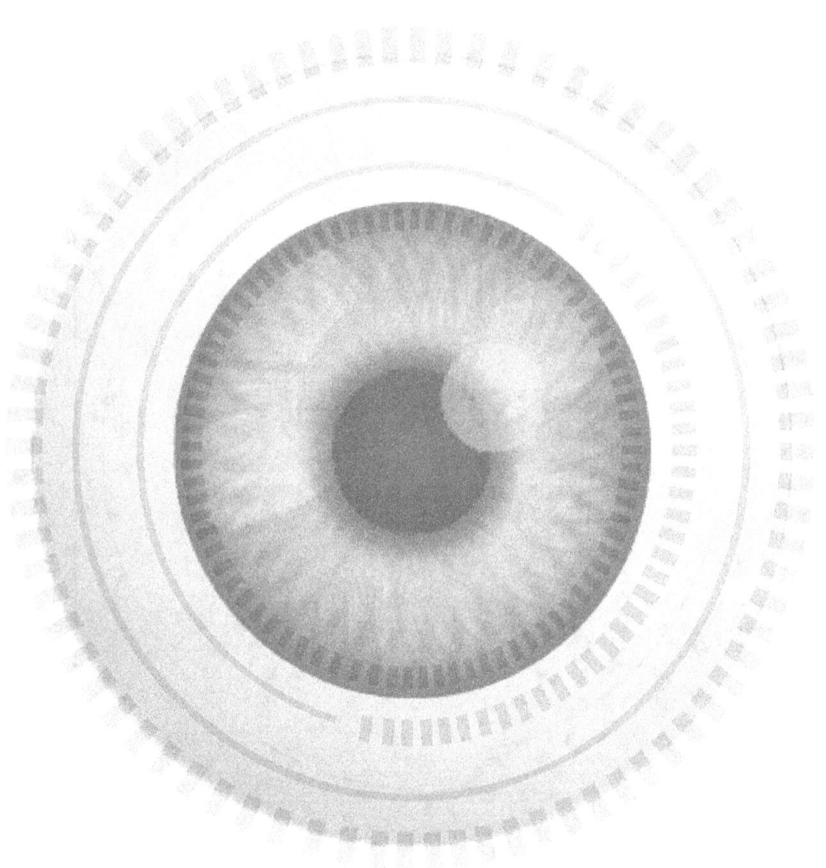

ere, I would like to propose an analogy that I consider to be important about the physical vision that is totally related to spiritual vision. As I said initially, we are dichotomous beings, and we have both natural and spiritual vision. So, if we protect and value physical vision, there is no reason to act less carefully with spiritual vision.

Experienced researchers have found that a disease that affects man's vision, known as Usher Syndrome, develops when someone stays for a long time, without living or having contact with other people, without being able to hear the voice of other human beings. It is blindness associated with deafness.

Something of this nature brings profound teaching because when there is no communion, there is degeneration. We can extend this to communion with other "visionary" people, and also with God because of the lack of constant communication with Him is the source of incalculable damage.

The Bible tells us that "faith comes by hearing the Word of God," and those who do not hear it lose their sight, their direction, and their sense of purpose. And the person who moves away from communion with other people, who share the same values and the same goals, also loses his sight.

In this sense, I place discipleship as an essential tool to develop the vision; it is crucial to have someone to accompany, advise, and encourage us in times of crisis. This broadens the vision, produces focus, and strengthens the goals, in addition to enabling an essential healing tool: confession.

The Bible also tells us that when "we confess our sins to one another, we are healed." When a relationship of trust and communion is established, and we can speak freely of what torments us, our vision receives a powerful remedy, and we can see healthily again.

VISIONARY
LEADERSHIP

am sure that the most important characteristic of a leader's life is vision. The ability to see the present and move towards a future, which for others may be totally obscure, but for him, it is as clear as water, a goal for which it is worth paying the necessary price.

But, unfortunately, many men and women choose to remain blurred. Instead of seeing people, they see trees. The tree represents the physical, the materialism. We need to see people because God calls us to see people (John 3:16). Jesus saw everyone and taught them to behold the Lord.

Some leaders do not achieve their goals because they have a very limited vision. We must flee from places and circumstances where everything is limited to what is merely material. In Revelation 3:18, God's message to the Laodicea Church was to "anoint your eyes" to be able to see. The vision of that people needed to be restored.

This is because our vision is not always aligned with that of God. We fail to realize what really has value, and that is why we "stumble" like a blind man facing a rocky path, or even fail to understand the actual reality that surrounds us.

In II Kings 6:14, we have an example of someone who did not see with the eyes of God and had to have his vision restored by the Lord. Gehazi, a servant of the man of God, had been terrified by the sight of the troop of horses and chariots surrounding the city, but the prophet Elisha prayed and asked the Lord to open his eyes to what was really there (II Kings 14:17).

The Bible tells us that the man's eyes were so opened that he could then see that an army with horses and chariots surrounded them. Similar to the servant, some are terrified of problems, and fail to see that there is an army of God to help us, and win any battle.

As in the past, many leaders today do not achieve victory because they can only visualize conflict. Their vision is stagnant in traumas, unsuccessful experiences, in failure, and in their genetic and behavioral heritage.

That is why I have proposed empowerment and knowledge as real keys to change. You cannot change a route without self-knowledge and identification of your own natural and developed talents, and especially, you cannot follow a vision without prior knowledge of where you are and where you want to go.

This book is not called "The Power of Vision with a Purpose" for nothing; after all, the vision has power and purpose. Power is the ability to aggregate people around the same goal and accomplish it, and the purpose is the reason why we do what we do.

I will talk about these two aspects in more detail later, but it is worth saying that the vision that can actually produce something is linked to the spiritual. It is a fusion between physical and supernatural vision.

Thus, armed with the power of vision, we can not only fulfill but encourage others to get there as well. So that, if someone approaches you and emphatically says that they are going to change the world, there must be agreement on your part, so that the world can be restored to fundamental and essential points, by visionary and accomplished leaders.

> *"Where there is no revelation,*
> *the people cast off restraint; but*
> *blessed is he who keeps the law."*
>
> Proverbs 29:18

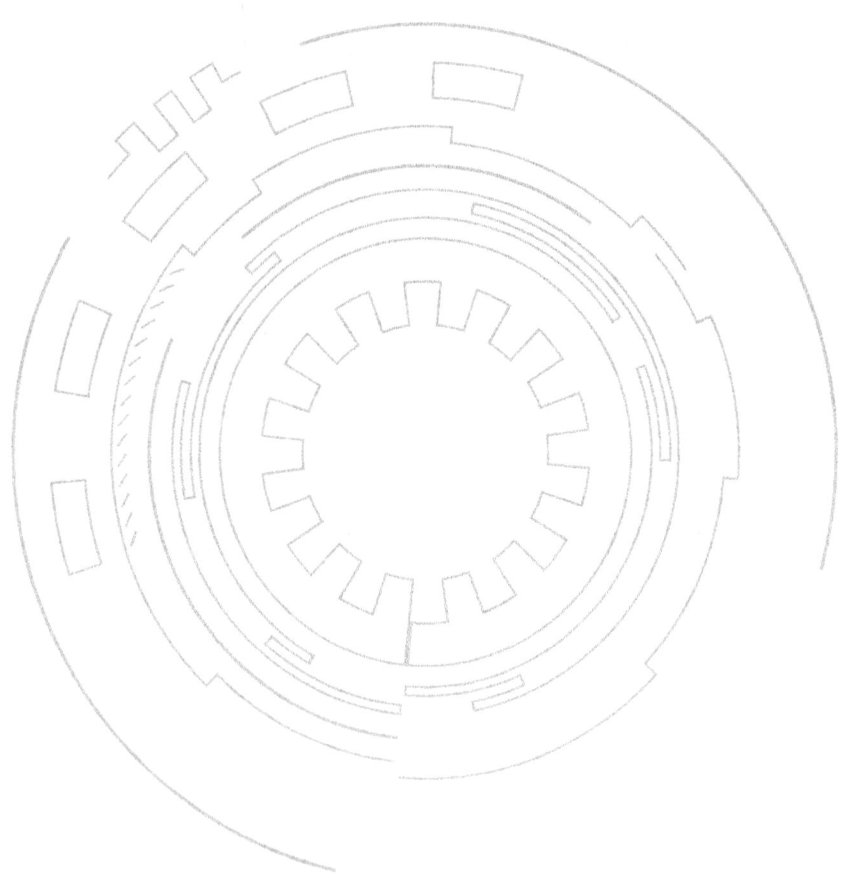

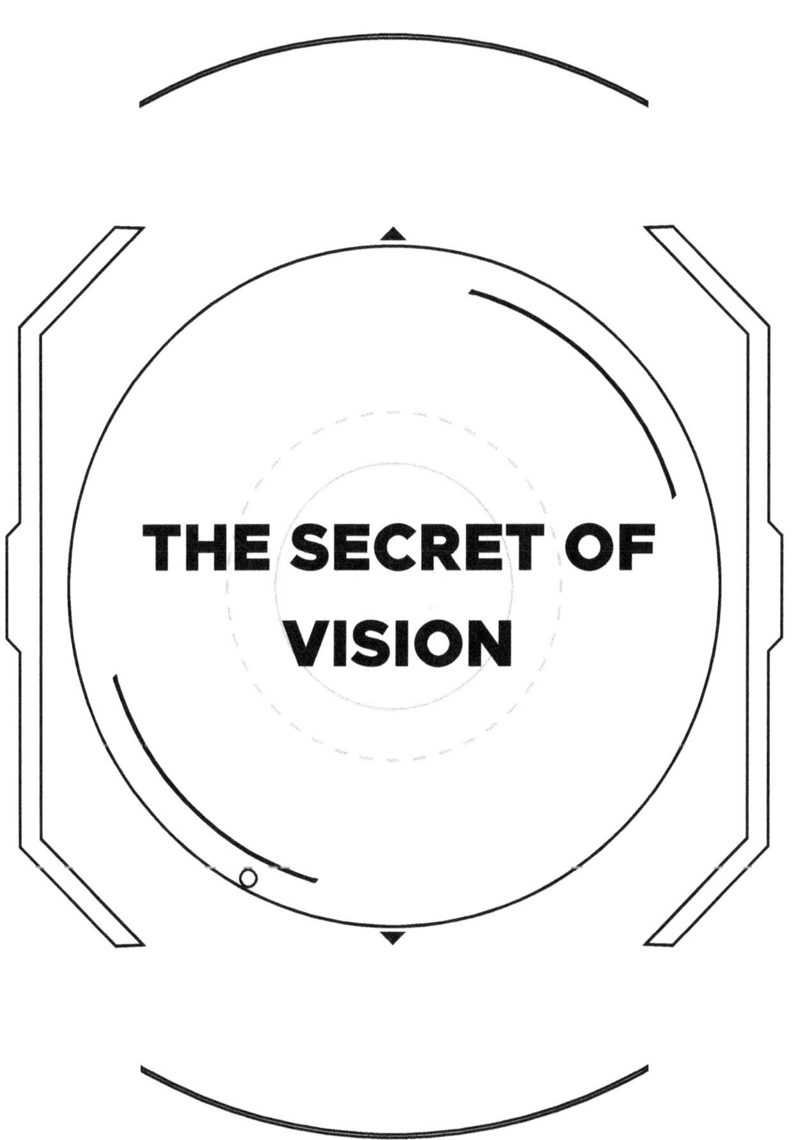
THE SECRET OF
VISION

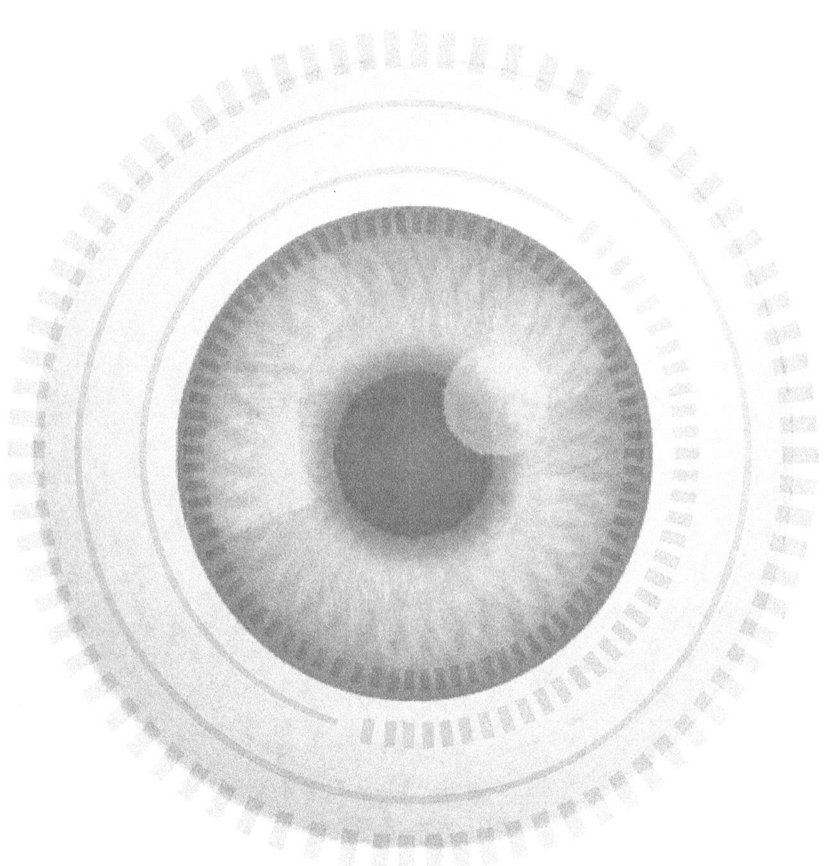

We have already said that the vision that should guide our achievements must be primarily spiritual, that is, provided by God. I dare say that it is nothing more than a painting containing a photograph engraved on your heart, capable of making you follow it all the time and at any cost. Thus, the permanent vision will always speak louder than your problem, which is momentary.

Also, spiritual vision can be obtained through the following channels:

1 – From the dream – Example: The revelation to Joseph of Egypt, who through two dreams, understood his mission and purpose of life, and remained in it even in the face of the worst circumstances.

2 – From the Word through prayer – Example: While praying to God, a word appears in your heart, and it will guide you,

restore you, and position you concerning the truth that has been already placed within you.

3 – Association by model – Example: it is a way for God to generate in you the vision that you have of the person next to me. This can determine what God may be putting in your heart. Another example is: If I walk with a man of God, it will be a blessing, and will open the door for me to grow in the spiritual world. (Lion walks with Lion, Cat walks with Cat).

I would like to emphasize this last point by recalling the story of Elijah and Elisha. They were so close and connected that, when Elijah was about to ascend to Heaven, Elisha asked for the double anointing for himself. This is something very impressive because Elijah was not just anybody, but a man who operated incredibly, and so it was with Elisha too. The association has this power to transfer vision and grant power to carry it out.

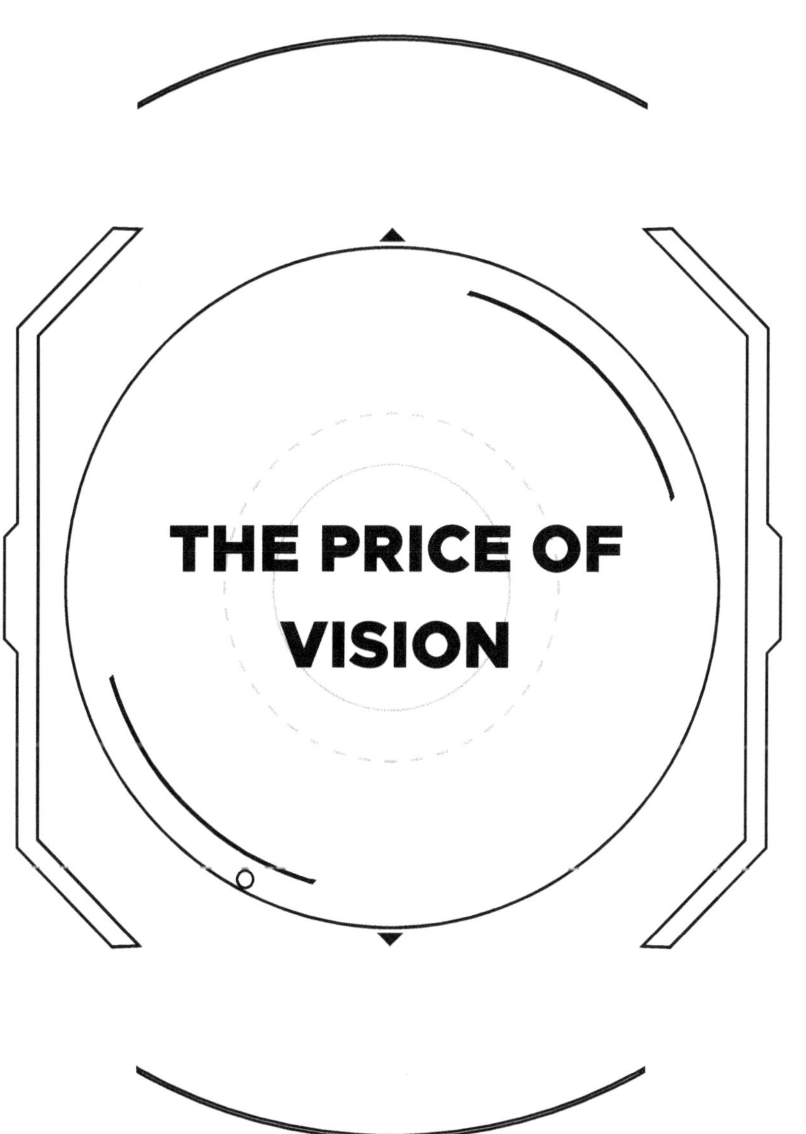

THE PRICE OF VISION

Like everything that is really important, the vision has a price. To reach and embrace God's vision, you need:

Faith

God will always ask you for something that you don't think you can do and may not seem to have the resources to do it, but when you put your faith in action and believe that the one who called is the one who enables you, you can launch yourself and pass from one simple dreamer to a conqueror.

Patience

Patience is the quality of those who wait in peace because they trust in the God who serves and know of his supernatural power. Abraham is a very faithful example of this. God promised him a son. However, his first attempt was the result of his impatience, and only 25 years later, the son of the promise arrived, even with his wife's disbelief.

Achieving also requires patience, the vision that God gave you always stands the test of time, and only those who wait patiently achieve it. Patience has nothing to do with apathy; it is much more linked to a vigorous and mature faith.

Initiative

The initiative is the hallmark of the man and woman of vision. When God feeds a dream within him, he is motivated and takes the appropriate initiative to leverage that dream.

Perspective

Perspective has to do with the ability to see far, to believe in something even if that is not yet a doable reality. In 1774, John Adams announced the vision of a new nation, with a union of 13 states, independent of parliament and the reign of England. And it happened. In less than two years, the United States of America was born.

At the end of the 18th century, two brothers, Wilbur and Orville Wright heralded the era of flying machines. After 13 years of various experiences, it happened. The age of air travel had begun.

William Wilberforce gave the summons in the English parliament saying that men, women, and children, would no longer be bought, and slavery should be abolished. Four days before his death, 18 years later, his bill was passed.

I could mention many other situations in which people had perspective and thought ahead of their time. Still, the most important thing is to know that this quality is essential to get us where we want to go, and gives us the power to see and be part of the break and the evolution of this new digital economy.

Purpose

I believe that it is not enough to be innovative; it is necessary to have a purpose. I also believe that the vision that remains is one that has a perennial motivation, and that seeks to influence people beyond our own niche positively.

I have had the perception that we have been in the last few days, and a new cloak will fall on some of the true Christian Leaders, the "Spiritual Parents of multitudes, to share with all Spiritual children" and reach the People of God, seeking to generate a broad spiritual vision, accepting, promoting and causing a break with a transformative vision and, in particular, experience a real disruption of a new Collaborative and 100% Digital and secure Economy that is known as Crypto-Economy.

And all of this with a very clear and defined purpose: profound changes in digital finance, allowing us to carry out ministerial service, with the generation and distribution of new wealth in favor of the Kingdom of God in the first place. And the Bible is emphatic in saying that, to those who seek the Kingdom first, all other things are added.

We are facing a big break of paradigms, causing significant transformations, empowering people, generating and distributing wealth in a decentralized, safe, and socially and humanely way, where the relationships and financial transactions will be increasingly digital and personal, through the use of Peer to Peer platforms (person to person) increasingly driven in this new digital economy.

CHAPTER 7

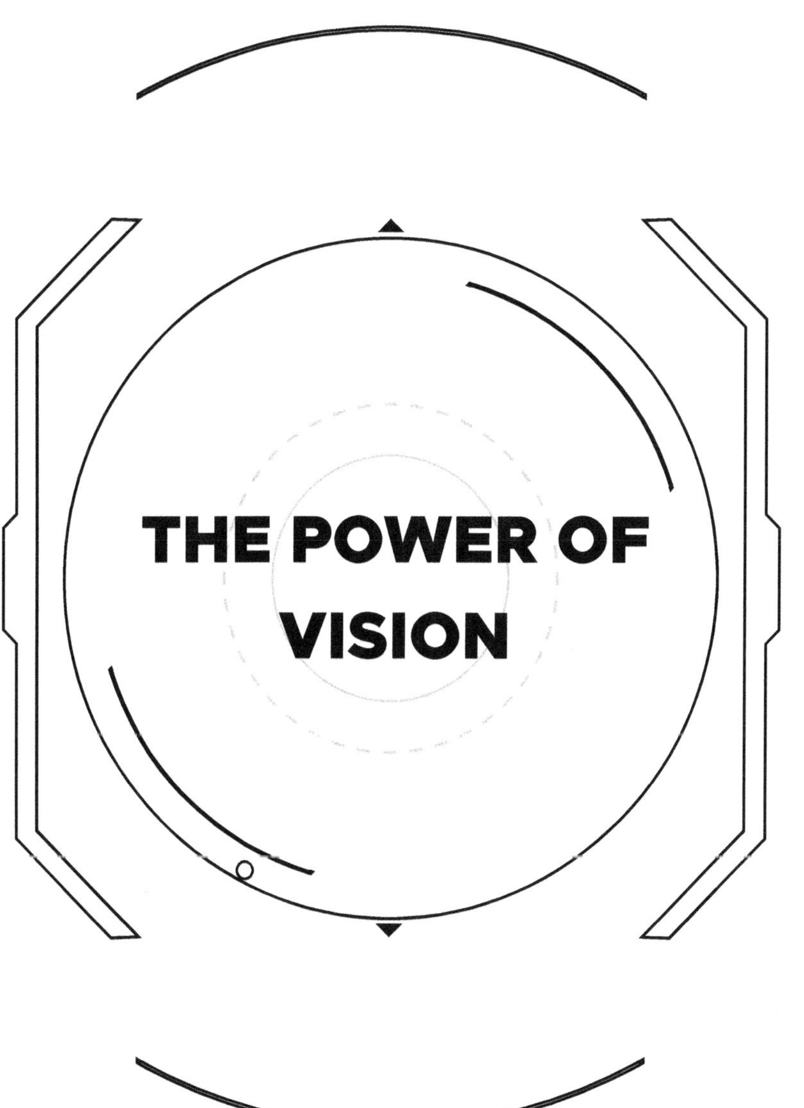

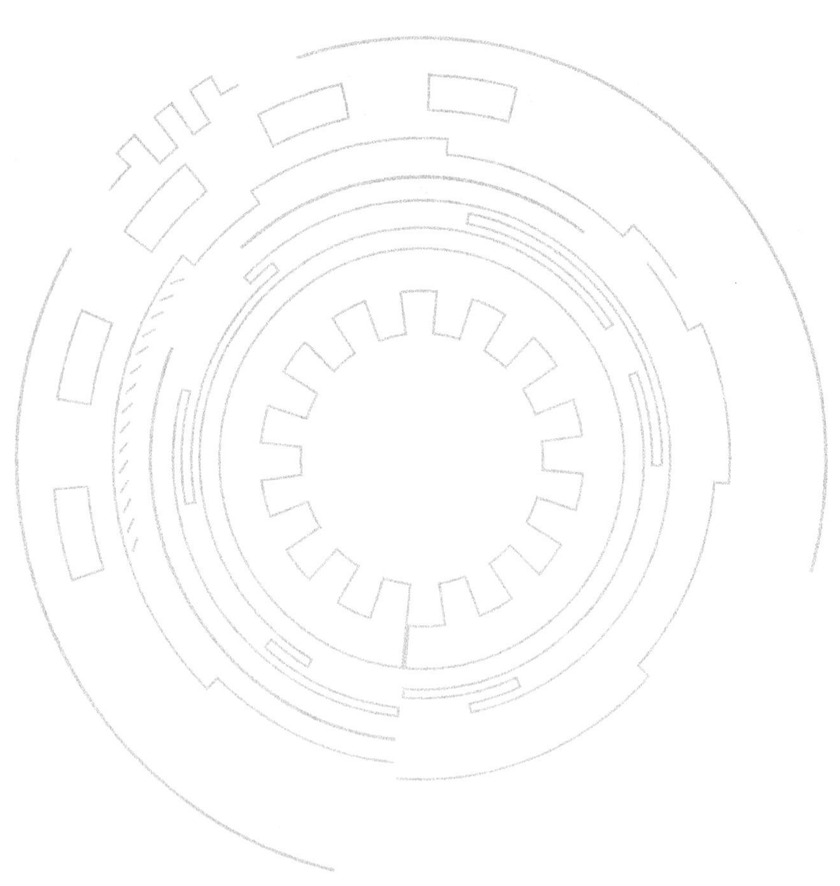

What about the power of vision? What would it be? We are talking about the most powerful weapon for the transformation of the world. I ask you, what do disruptive people have in common? It is an irresistible ideal. What makes us understand that visualizing and persisting is the essence of a true leader.

Subtract the ability to visualize his ideal from a great leader, and he will die. Vision is the fuel that keeps the leader moving forward. It is the energy that creates the action. It is the clear call that raises the flame. Without vision, we lose the vitality that makes us keep our dreams and ideals alive.

The power of vision with a purpose of benefiting the kingdom is all that, applied to the spiritual universe, since vision, power, leadership, and authority, in whatever it may be, is granted by God. From that, strategies are created, tools, methodologies, technologies, and processes for its perfect implementation, seeking the Kingdom of God in the first place so that all other things can be added.

Human evolution is incredible, and at the same time strange, because every time we encounter the new, we have a feeling that does not concern us, that we are mere spectators in the face of these incredible transformations. However, the only certainty we have is that, to live in this new world that is emerging, it will be necessary to make a radical change.

Change involves our attitudes, thoughts, and demands great transformation from us, we have to transform limitations into boldness, dreams into actions, defeat in victories, difficulties in opportunities, tears in smiles, longings in joys, doubts in certainties, fear in courage, and even hate in love.

Suddenly, the student will have to become a researcher; our eyes will have to learn to see the world differently; rather than seeing the changes, we need to feel them with the soul and the heart, far above our own reason.

All of this has a great name: the Power of Vision, the power to dream of what does not exist, the ability to create something that nobody has ever thought of before, the power to get where only our thoughts have dared to go, and it is this thought that everyone has to discover within himself.

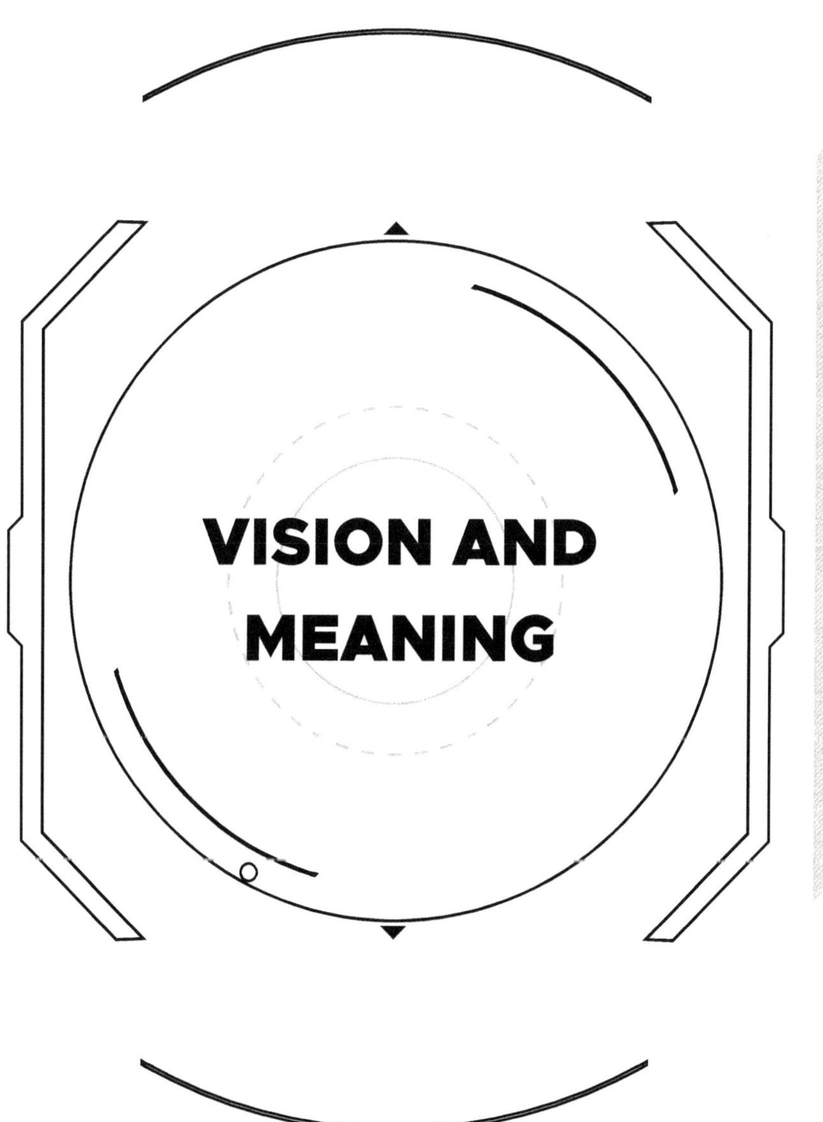
VISION AND
MEANING

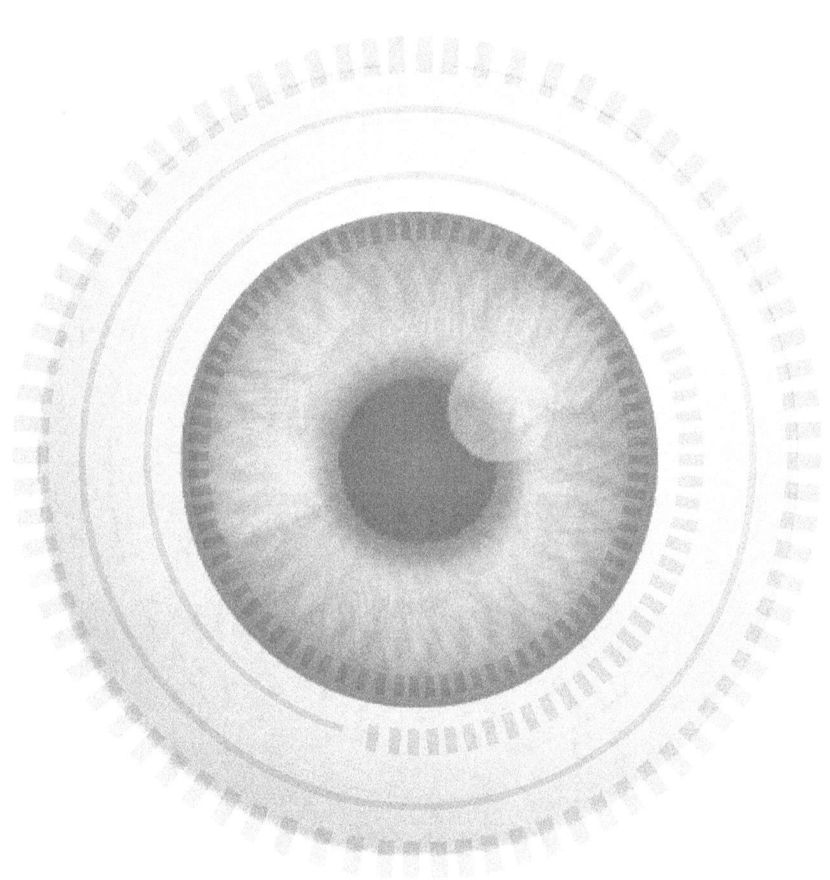

Time can be a great executioner because every day, it is necessary to shorten it to do things, to learn, to develop, and live intensely. Have you realized that we often fail to understand the real meaning of our existence?

It is amazing how this crazy rush in the modern world has blindfolded our eyes, to observe and understand the simplest things, and it is in these things so simple that the essence of the universe is hidden.

It is in a child's free imagination that fantasies become realities; it is in the light wings of birds that the secret of flying is kept; it is in the fragility of flowers that is the perfume and beauty that sweetens our spirit; it is in the richness of the earth that seeds are transformed into fruits; it is in the invisible waves of the satellite that a new way of communicating in a universal language emerges.

It is also in the dark and frantic creaking of cars and airplanes, that distances are shortened; it is in the magic keys of computers and in the fastest chips, that an incredible world of virtual elements appears; and it is mainly, in the passion for life that is reborn the certainty of a new tomorrow.

Man has already surpassed his limits and has reached the stars and is increasingly heading towards the unknown "world." Each one of us is a universe to be unveiled, each one of us brings wisdom within us, and only the skillful hands of a God were able to heal.

Therefore, we must learn to use this force, often asleep within our hearts and minds. We must stop for a moment, look carefully around us and inside ourselves and ask: what have I really done to be better? What have I done to make a difference? How have I viewed my plans and goals? Have I been only a mere spectator of my life?

CONCLUSION

The power of vision is nothing more than the ability to dream, it is the joy of living, it is the desire to learn, it is the patience and the affection to teach, it is the ability to understand human failures, and especially, the sincere feeling of friendship, respect, and love for your fellow man.

This world, in which we live, has several phases, various tastes, various creeds, many customs, multiple religions. Still, love remains one, a unique feeling that resists through wars, injustices, despite the selfishness and hypocrisy of many, and it is this feeling that will show us the safest paths to a fairer and more humane society.

One day, the most authentic dreams of all human beings will join many of the other dreamers, who are already gone, releasing a current of energy so strong and so intense that it will be able to transform our planet into a place where everyone can find happiness. What I wish for everyone is a world where we can share progress and not misery.

However, for this to happen, we need people with a different profile, people who do not conform to bad things, people who are not intimidated by the crisis and difficulties, people who use creativity, understanding, humility, perseverance, motivation, and have a leadership spirit.

It is through these steps that the key to this new world is, and you are not only a mere helpless spectator in the face of all these transformations, on the contrary, you can also be one of the main characters of this wonderful play to be staged called existence.

Learn more about our work:

This material is a transcript of a motivational video with the same name, and which, although it was produced more than a decade ago, remains current and futuristic. If you want to know a little more about the subject, we recommend the full message available on our YouTube channel.

In addition, we invite all those who were touched by this reading and managed to expand their natural and especially supernatural vision, to experience a real Disruptive experience in our other titles: "The Four Types of Transformative Intelligence: Intelligences Applied to Christian Transformation in the Digital Age" and "Cryptocurrencies – The Money of the Future." Both books can have their e-book version downloaded from the author's website:

www.marcuslisboa.com.br

Author Contact:

Marcus Lisboa

Email: mvla2015@gmail.com / inepp@inepp.org.br /

eco.finances@principautedeseborga.com

Twiter: @Marcus_Lisboa38 - @interesseP

Parler: @MarcusLisboa   - @InteressePublico

Instagram: @marcusvlisboa - @doutorblockchain -

@interessepublicoBrasil

https://conservativecore.net/MarcusLisboa

Facebook: https://www.facebook.com/marcusvlisboa/

Linkedin: https://www.linkedin.com/in/bitsblockchain/

Site: www.marcuslisboa.com.br

www.inepp.org.br

www.popblockchain.com

www.cryptotech.com.br

www.ingramcontent.com/pod-product-compliance
Lightning Source LLC
LaVergne TN
LVHW050659200726

843506LV00010B/1586